Layla gaat op Ballet

Anne-Marie Pos-Terlouw

Illustraties door Luana Bran (Deveo Media)

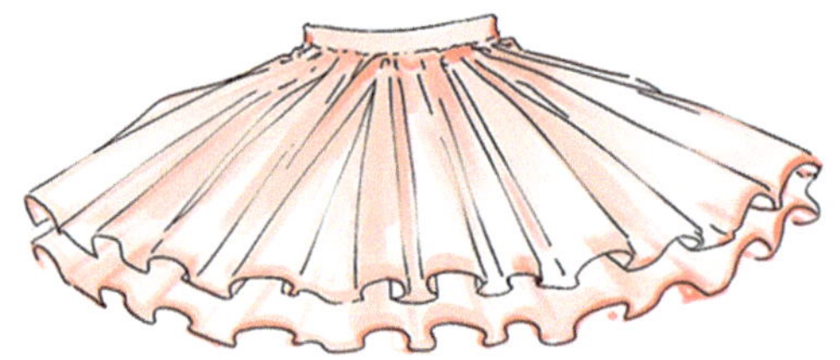

Copyright© 2021 Anne-Marie Pos-Terlouw

Alle rechten voorbehouden. Geen enkel gedeelte van dit boek
mag worden gereproduceerd of gebruikt zonder geschreven
toestemming van de copyright houder, met uitzondering
van het gebruik van quotes in een review.

Illustraties copyright © 2021 by Bran Luana
Bezoek voor meer informatie Deveo Studio.
https://deveostudio.com

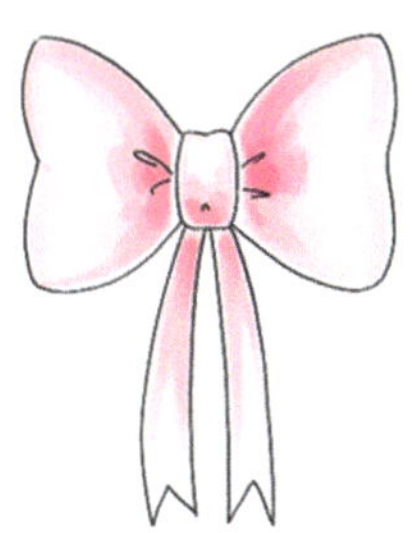

Voor Emilia,
die heeft ontdekt hoe leuk dansen is.

Het is weekend en Layla mag even een paar filmpjes kijken voor het ontbijt.
Mama heeft broodjes in de oven gedaan. En papa kookt wat eitjes.

Mama roept: 'Layla, kom je eten?'

Maar ze hoort niets terug. Mama kijkt op en ziet Layla met veel aandacht naar een prachtige ballerina kijken op het scherm. Wat mooi!

'Dat wil ik ook, mama!' zegt Layla.

'Oh ja, zou jij ballet leuk vinden, Layla?' vraagt mama.
'Dan gaan we straks even kijken of je op balletles kan.'

Mama schuift een boterhammetje naar Layla. 'Eet nu je ontbijt, dan gaan we zo samen boodschappen doen.'

LIVE

Op het marktplein in de wijk klinkt muziek.

Layla ziet kinderen dansen. Ze hebben mooie, felgekleurde kleren aan en dansen

samen op de muziek. Layla herkent het een beetje van filmpjes die ze gezien heeft.

‘Kijk mama, daar doen ze ballet!’ wijst Layla.

Dan ziet mama een ouder meisje met een paars T-shirt. Op haar shirt staat Dansschool

Dance. En ze heeft iets in haar handen.

Mama loopt naar haar toe.

'Hallo,' zegt het meisje.

'Zou uw dochtertje het misschien leuk vinden om ballet te proberen?' vraagt ze.

'Jazeker,' zegt mama.

'Alstublieft, hier heeft u een flyer over onze dansschool,' zegt het meisje.

Mama neemt de flyer aan.

Dan kan ze later even goed kijken en lezen.

'Willen jullie juf Zoey anders al even ontmoeten?' vraagt het meisje.

'Ze staat daar.' Het meisje wijst naar een marktkraampje met dansfoto's, posters

en een echte tutu.

Mama kijkt naar Layla: 'Zullen we even gaan kijken?'

'Ja,' zegt Layla.

Stud
D

Zodra ze op de kraam afkomen, loopt er iemand naar hen toe.

'Hallo, ik ben juf Zoey. Ik ben balletjuffrouw en de eigenaresse van dansschool Dance.'

Ze glimlacht naar Layla en zegt: 'Als het goed is, wil jij graag ballet proberen, klopt dat?'

Layla begint te blozen en kijkt naar mama.

'Toe maar,' zegt mama. 'Vertel het maar aan juf Zoey.'

'Ja,' geeft Layla toe.

'Ik zag een filmpje met een hele mooie ballerina. Dat wil ik ook!'

'Wat leuk!' zegt juf Zoey.

'Ik denk dat we wel een proefles kunnen regelen.'

Ze kijkt mama aan. Mama knikt.

'Kunnen jullie donderdag om vier uur?' vraagt juf Zoey.

'Dat kan,' zegt mama.

Layla krijgt een stralende glimlach op haar gezicht.

'Mama, donderdag: hoeveel nachtjes slapen is dat?' vraagt Layla.

'Vijf, lieverd,' zegt mama.

Layla klapt in haar handen, ze kan bijna niet meer wachten.

'Wat moet Layla aan bij de proefles?' vraagt mama aan juf Zoey.

'Een legging, T-shirt en sokken zijn prima voor de eerste keer. Eerst even kijken of je het echt leuk vind. Dan kun je later altijd de juiste spulletjes halen, zoals een balletpakje en balletschoentjes.'

Mama knikt met een glimlach op haar gezicht:

'Dank u wel, juf Zoey. En tot donderdag!'

Die avond kan Layla bijna niet in slaap komen. Wat spannend en leuk!

Nog vijf nachtjes slapen en dan gaat ze echt naar balletles.

De dagen gaan voor Layla veel te langzaam voorbij.

Opletten op school is ook best wel moeilijk.

Ze kan alleen maar aan de balletles denken. Nog even volhouden, het is bijna zover!

Donderdagochtend bij het ontbijt krijgt Layla amper wat op.

Ze hupst heen en weer op haar stoel.

'Heb je zin in vanmiddag?' vraagt mama.

'Ja!' roept Layla.

'Goed zo,' zegt mama. 'Kom, trek je schoenen maar aan. Ik breng je naar school en dan zie ik je vanmiddag weer.'

Die middag komen Layla en haar mama aan bij de dansschool. De dansschool is een bijzondere plek. Zodra je er binnenloopt, voelt het gezellig en fijn.

Er is al een balletles bezig. Layla kan de andere meisjes zien dansen. De meisjes dragen roze balletpakjes en roze balletschoentjes. En in hun haren hebben ze mooie linten en gekleurde speldjes.

En wat een mooie zaal! De vloer is van heel mooi hout en de muren zijn lilapaars. Aan de muren hangen stokken. Wat zou dat zijn, denkt Layla.

Layla heeft haar legging en T-shirt al aan.

Ze kan zo de zaal in. Even wachten tot deze les afgelopen is.

Er staan nog wat kindjes te wachten. Mama's, papa's, opa's en oma's wachten buiten op straat. Anders is het veel te druk binnen.

Omdat Layla vandaag voor het eerst is, mag mama wel nog even meelopen naar de danszaal. De eerste keer op een nieuwe plek is natuurlijk altijd spannend.

Dan is het tijd! De balletmeisjes komen naar buiten. De les is klaar. Layla vind het een beetje eng, maar wel heel erg leuk. Eindelijk gaat ze een echte danszaal in.

En daar is juf Zoey ook. 'Hallo Layla,' zegt ze.

'Fijn dat je er bent. Wil je naast mij zitten vandaag?

Dan stel ik je aan iedereen voor.'

Layla vind dat natuurlijk erg leuk en gaat vlug naast juf Zoey op de vloer zitten.

Een meisje met donkerbruin haar ploft naast Layla neer.

'Hoi, ik ben Mila,' zegt het meisje.

'Ik zit al heel lang op ballet. Jij bent nieuw, toch?'

Layla knikt. 'Het is heel leuk hoor,' zegt Mila.

Layla ziet mama in de deuropening staan.

Mama zwaait en roept: 'Veel plezier!'

Layla zwaait terug en lacht naar mama.

Juf Zoey zegt: 'Goedemiddag, allemaal.

Dit is Layla, zij is vandaag voor het eerst.'

De andere kinderen kijken haar aan, lachen en zwaaien naar haar.

'Als je je naam hoort, mag je zeggen dat je er bent en iets korts vertellen aan ons allemaal,' zegt juf Zoey.

'Dat doen we altijd aan het begin van de les.

Amaya, jij mag vandaag als eerste.'

Amaya glimlacht en zegt: 'Ja juf, ik ben er.'

Ze draagt een hele mooie, roze hoofddoek, die precies bij haar balletpakje past.

Ze vertelt dat haar oma op visite kwam.

'Ik heb geen mooi balletpakje,' zegt Layla hardop.

'Dat is niet erg, hoor,' zegt juf Zoey. 'Dat had niemand van ons toen we net op ballet kwamen.'

Layla leert zo al een paar andere kindjes kennen. Lilian, met licht geel haar, Nora met oranje haar en sproeten en Jason, met zwart haar. Layla vind het erg leuk om de anderen te leren kennen. En ze wist niet dat balletles zo leuk zou zijn. De groep lijkt een beetje op haar klas op school met allemaal verschillende kinderen. Layla voelt zich meteen thuis.

'Zo,' zegt juf Zoey.

'Ga nu allemaal maar staan. Dan beginnen we met dansen in de kring.'

Layla gaat staan en Mila geeft haar een hand.

Juf Zoey begint een liedje te zingen en iedereen draait en springt op de plek.

Layla doet mee en vindt het heel leuk. Na de opwarmingsdans gaan ze dansen

aan de balletbarre.

'Wat is dat nou?' vraagt Layla.

Juf Zoey legt uit: 'De balletbarre is die stok aan de muur. We gaan daarnaast staan

en je mag er één hand op leggen.'

'De barre helpt ons ballet te oefenen zonder om te vallen. We oefenen pliés,

relevés en tendu's. Dat is door je knieën buigen, op je tenen staan en je benen

strekken en uitschuiven.

Alle balletpasjes bij ballet hebben dit erin zitten, dus je moet ervoor zorgen dat

 je dit goed kan.

Dat doe je door samen veel te oefenen.'

'Maar ik weet nog niet hoe dat moet,' zegt Layla.

'Geen zorgen,' zegt juf Zoey. 'Ik help je wel. Kijk goed naar mij en doe mij maar na.'

Mila wil ook helpen: 'Kijk, zo.' En ze laat het zien.

De muziek gaat weer aan en ze dansen samen mooie pasjes.

Nora vindt het lastig om op één plekje te oefenen.

Ze hangt ondersteboven aan de barre.

Juf Zoey lacht: 'Nora, wat doe je nou? Zo kun je toch niet balletten?'

Nora lacht en draait zich om. Nu lukt het haar wel.

'Goed zo, Nora,' zegt juf Zoey. 'Goed gedaan, iedereen.

Volgende week doen we het nog een keer. En je zult zien dat het elke keer

makkelijker gaat, totdat je het echt goed kan.' Juf Zoey glimlacht.

'Maar je moet natuurlijk wel blijven oefenen. En dat doen we samen.'

Layla knikt.

Ze gaan nu in het midden van de zaal dansen.

Juf Zoey legt een touw op de vloer.

Dan gaat ze op haar tenen staan en loopt heel voorzichtig langs het touw.

 Ze houdt haar armen opzij zodat ze niet omvalt.

'Zien jullie hoe ik dat doe?' vraagt juf Zoey. 'Nu mogen jullie het proberen.

Mila mag eerst, Layla gaat daarna en daarna Amaya.'

Een voor een en achter elkaar lopen de balletdansers langs het touw.

Het gaat heel goed.

'Knap gedaan hoor, allemaal,' zegt juf Zoey.

Juf Zoey pakt een koffer, zet hem op de vloer en opent hem. In de koffer ziet Layla

hele mooie, gekleurde vlindervleugels. Juf Zoey haalt er eentje uit en noemt een naam.

Dan geeft ze de vleugels aan dat kindje.

Layla wacht geduldig tot ze haar naam hoort. Dan pakt ze de vleugels voorzichtig aan. Wat zijn ze mooi! Aan de vleugels zitten twee lussen. Een voor elke arm.
 Layla steekt haar armen door de lussen en de vleugels zitten nu veilig op haar rug.

Juf Zoey legt uit: 'We gaan een voor een trippelen op onze tenen en dan hier in het midden van de zaal gaan we vliegen, net als vlinders in de lucht.'
Juf Zoey legt een mooie, groene sjaal op de grond.
'Hier mogen jullie overheen springen.'

 Ze laat het voor de zekerheid nog even zien.
'Oh!' zegt Layla tegen Mila. 'Wat kan de juf hoog springen!'
Ze staat te trappelen om het zelf te proberen. Ze wacht geduldig op haar beurt.
Dan rent ze op haar tenen, ze strekt haar armen opzij en springt heel hoog over de groene sjaal heen.
'Mooi gedaan, Layla!' roept juf Zoey.
'Niet gek voor de eerste keer,' glimlacht ze.

Na de vlinderdans geeft iedereen de vleugels weer terug aan de juf.

Zij stopt ze weer in de koffer en zet hem weer weg.

'Kom, we gaan in een kring zitten en zingen samen ons weggaanliedje.'

'Oh, is het al klaar?' zegt Layla hardop. Ze vond het zo ontzettend leuk, ze kon nog wel een uur dansen.

'Ja, het is tijd,' zegt juf Zoey.

'Kijk maar, de volgende groep staat al klaar in de gang.'

'Vond je het leuk vandaag, Layla?' vraagt juf Zoey.

Layla knikt. Ze heeft een grote glimlach en rode wangetjes van het dansen.

Mama staat in de gang. Layla rent naar haar toe.

'Mama, mag ik volgende week weer naar balletles?'

'Tuurlijk, Layla,' zegt mama. 'Kom, dan gaan we lekker naar huis en kun je papa vertellen over je eerste balletles.'

Layla draait zich om en zwaait. Dag Mila, dag Nora, dag Amaya en dag Jason. Tot volgende week!

Die avond slaapt Layla als een roos.

In haar droom danst ze als een echte ballerina door een prachtige tuin.

Ze heeft een schitterende, gouden tutu aan en danst langs hele mooie,

roze rozen en gele narcissen.

Mama komt even kijken of Layla al slaapt en ziet haar lekker slapen met een grote

glimlach op haar gezicht.

'Zou ze over ballet dromen?' vraag mama zich af.

En volgende week mag ze weer naar balletles.

Layla's ballet avontuur met haar nieuwe vriendjes en nieuwe juf is nu echt begonnen!

www.ingramcontent.com/pod-product-compliance
Lightning Source LLC
LaVergne TN
LVHW071658180726
843512LV00002B/481